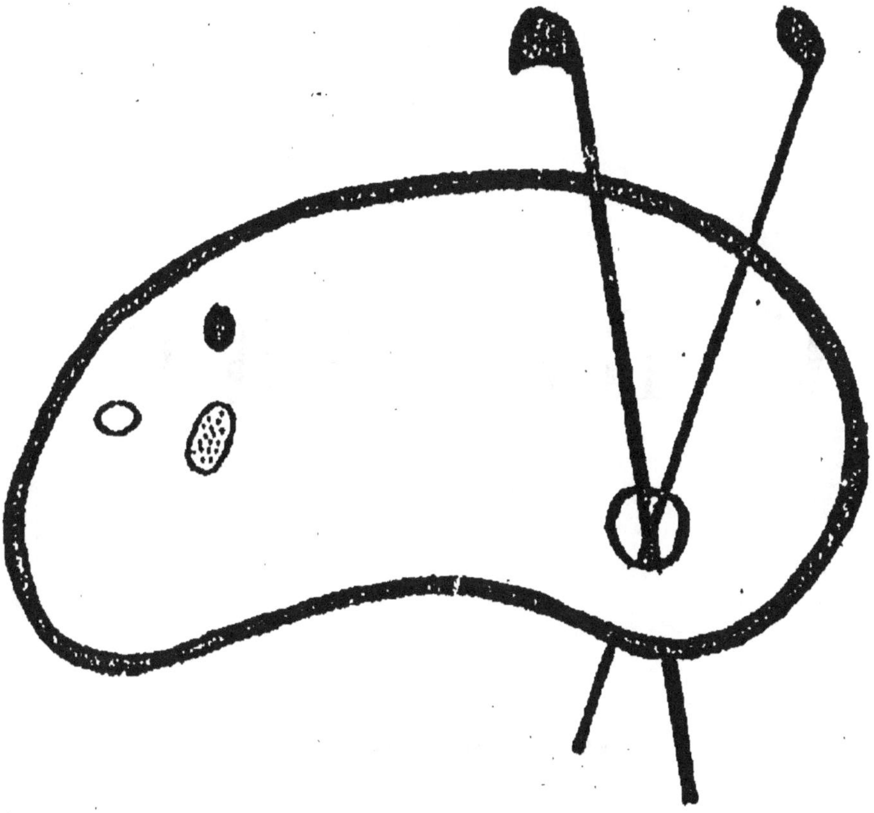

CROQUIS BIOGRAPHIQUES

PAR

ÉTIENNE CARJAT

A. RENARD

(DE L'OPÉRA)

PRIX : 50 CENTIMES

PARIS

CHEZ TOUS LES LIBRAIRES

1858

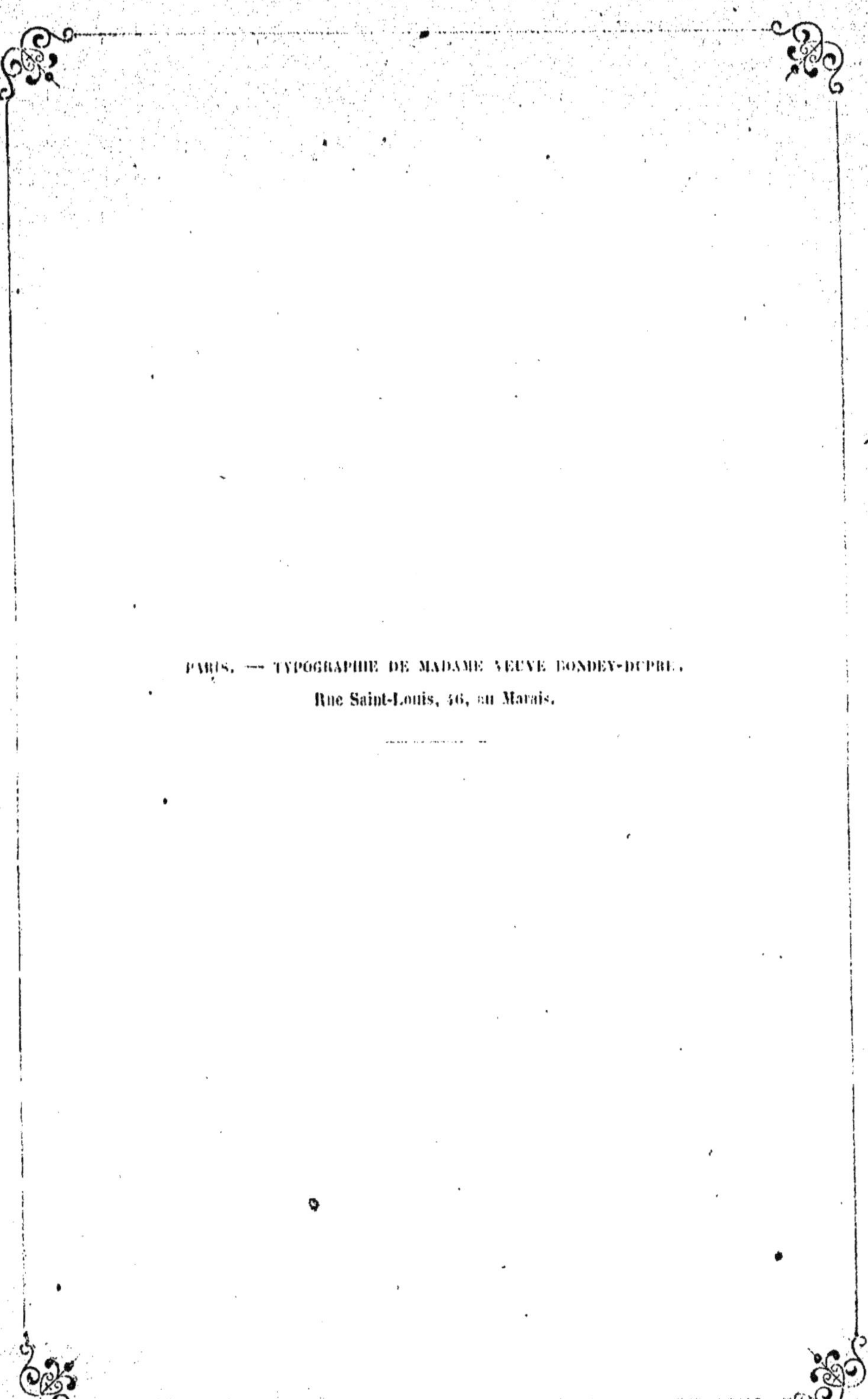

PARIS. — TYPOGRAPHIE DE MADAME VEUVE BONDEY-DUPRÉ,
Rue Saint-Louis, 46, au Marais.

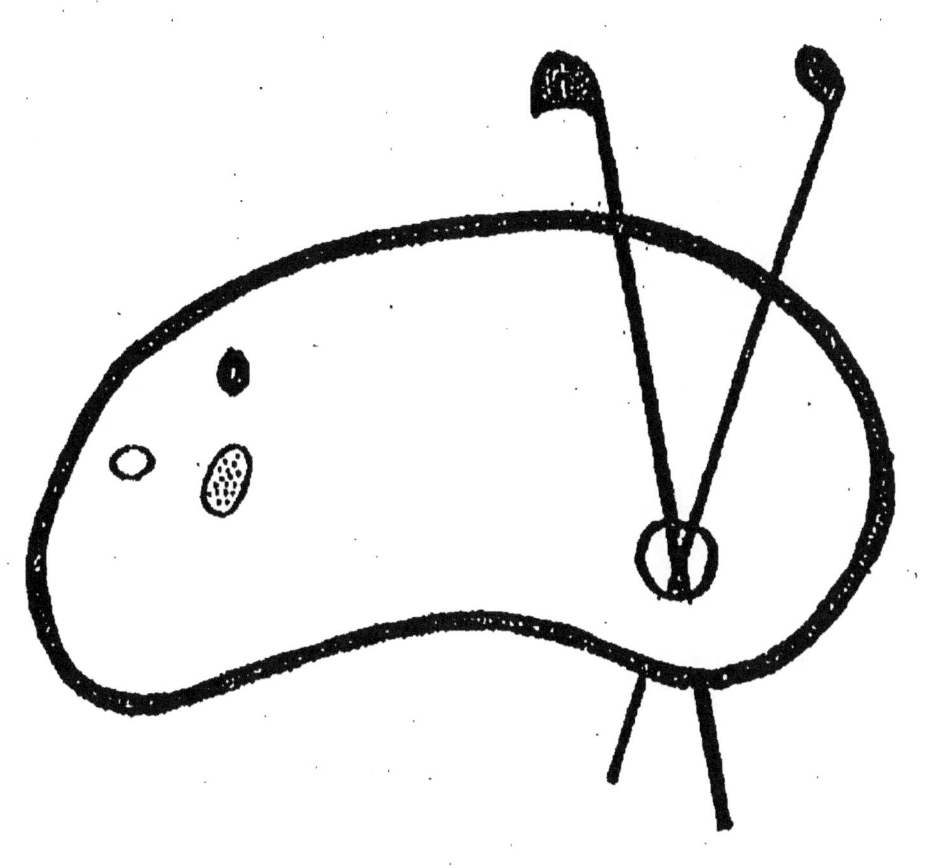

FIN D'UNE SERIE DE DOCUMENTS
EN COULEUR

ET. CARJAT.

CROQUIS BIOGRAPHIQUES

PAR

ÉTIENNE CARJAT

A. RENARD

(DE L'OPÉRA)

PARIS

CHEZ TOUS LES LIBRAIRES

1858

ANTOINE RENARD

S'il est, par ce temps de prose bête et de réalisme vulgaire, certaines vies coulées dans un moule uniforme et invariable, il en est d'autres aussi dont les péripéties émouvantes, les phases accidentées viennent tenter la plume altérée du biographe aux abois. A ce dernier titre, l'existence de Renard est, à coup sûr, une des plus curieuses et des plus intéressantes que nous sachions.

Nous allons essayer d'en donner un vague aperçu, en crayonnant les principaux faits de cette carrière si pleine de luttes courageusement acceptées et d'épreuves noblement subies.

En 1825, vivait à Lille (Nord) un modeste ménage d'artisans. Le mari, menuisier — et modeleur à ses moments perdus, — était un brave et simple ouvrier, prenant la vie par ses côtés sérieux et travaillant ferme et dru les six jours de la semaine. A l'époque dont nous parlons, le rabot du courageux travailleur redoublait d'entrain, et les copeaux jaillissaient plus nombreux et plus pressés que jamais sous le tranchant de l'acier. C'est que la femme du menuisier allait mettre au monde un fils, et que la famille devait compter bientôt une bouche de plus.

En effet, par un beau jour d'hiver, le 15 février 1825, au moment où le père, rassuré par le docteur, entonnait joyeusement la chanson du matin, une bonne femme, — comme il s'en trouve toujours en pareille occurrence, — vint lui présenter triomphalement son futur héritier, Antoine Renard. L'enfant, comme s'il préludait déjà à sa destinée future, fit entendre un vagissement sonore et, comme bien on pense, fut trouvé charmant de tous points. — Qu'il ressemble à son père! disait l'un. — C'est tout le portrait de sa mère! ajoutait l'autre. — Moi, je trouve qu'il tient des deux! ripostait un troisième. Bref, chacun dit la sienne.

Quoi qu'il en soit, le marmot vécut ses premières années entouré des soins ingénieux et tendres qu'à défaut de richesse le pauvre prodigue à ses enfants. Deux ans après la venue du bambin, la famille émigra à Paris. Le père, qui n'entendait pas raillerie à l'endroit de l'alphabet et des jambages, et qui voulait peut-être alors faire du jeune Antoine un avocat ou un académicien, l'envoya de bonne heure à l'école Saint-Nicolas, à Vaugirard. L'élève, une fois sur les bancs de la petite classe, épela de son mieux l'A, B, C, et aligna tant bien que mal des bâtons plus ou moins parallèles, sans toutefois faire mieux ni plus vite que ses petits camarades. Mais son vrai succès, son triomphe incontesté, c'était lorsque le dimanche, à l'église, sa voix enfantine entonnait les divins cantiques. Alors c'était merveille de l'entendre. Les notes pures, argentines et bien timbrées s'échappaient en cascades perlées de ses petites lèvres roses, à tel point qu'un jour Choron, — le fameux professeur, — ravi et charmé par ces sons clairs et justes, dit au père : — Qu'il apprenne la musique, et j'en fais un artiste.

Un artiste! Il n'y fallait pas songer, en ce moment surtout. Un malheur terrible était venu fondre sur le pauvre logis. La bonne et laborieuse compagne du menuisier, la mère du charmant rossignol, était morte en recommandant l'orphelin à l'affection de son mari. Quatre ou cinq années se passèrent, pendant lesquelles notre jeune héros apprit à lire et à écrire comme il put, retenu la plupart du temps auprès de l'établi, pour aider à la besogne. A douze ans, il quitta tout à fait l'école et commença à apprendre sérieusement le métier paternel. Il avait compris qu'il fallait gagner son pain; ses progrès furent rapides. Le ciseau, le rabot et la scie n'eurent bientôt plus de secrets pour lui. La journée terminée, le soir, au coin du feu, il apprenait gravement les romances des cahiers à deux sous, les ornant presque toujours d'un air de sa composition. Chaque dimanche, les deux menuisiers, le père et le fils, le maître et l'apprenti, bras dessus bras dessous, s'acheminaient gaiement vers la barrière. Là, entre le *petit bleu* et le *lapin sauté*, au milieu des amis qui leur faisaient fête, le père, tout glorieux de son ouvrage, priait le *gamin* de chanter. D'une voix large et déjà puissante, il égrenait alors le chapelet des romances bleues, aux grands applaudissements de la société. On se l'arrachait. Les femmes le mangeaient de baisers, les hommes emplissaient son verre pour lui donner du *creux*, et le père, enchanté, couronnait toujours l'ovation par quelque pièce blanche.

Ces jours-là étaient des jours de fête. Sa piécette en main, le chanteur, saturé d'éloges, prenait sa course vers le boulevard du *Crime*, avisant du plus loin qu'il pouvait les plus grandes des affiches de théâtre. Après avoir scrupuleusement étudié la composition des spectacles, il faisait son choix, — basé toujours sur le plus grand nombre d'actes, — puis, à grand renfort de coups de coude et de genou, se faufilait dans la foule et se trouvait toujours un des premiers à la queue lors de l'ouverture des bureaux. La toile levée, assis au premier rang du *paradis*, les bras croisés sur la balustrade, immobile et muet, il suivait d'un esprit anxieux, d'un œil attentif, toutes les péripéties du drame en vogue, arrosant bien souvent de ses larmes naïves le *chausson* aux pommes traditionnel de ces régions élevées. Puis le lendemain, à l'atelier, c'était le récit de la pièce, les commentaires, les appréciations à n'en plus finir sur Albert, Francisque aîné, Léontine, etc., toute cette interminable antienne enfin que chantent de douze à dix-huit ans les vrais enfants de Paris, ces adorateurs nés du mélodrame.

Comme il venait d'entrer dans sa quatorzième année, lassé sans doute de la scie et du rabot, l'enfant voulut changer d'état. Il entra comme apprenti chez M. Bauzin, fondeur, rue Corbeau, et prit à cœur sa nouvelle profession. Quand son père mourut, — il avait seize ans, — il gagnait courageusement sa vie depuis plusieurs mois, et pouvait trouver place dans tous les ateliers. Il quitta Paris qui l'attristait désormais, Paris où tout lui parlait de son père qu'il adorait, et, le cœur gros de larmes, seul, sans autre appui que l'espérance, ce bon ange du pauvre et du riche, il commença résolûment son *tour de France*, visitant successivement Reims, Lille, Cambrai, parcourant les Ardennes et tout le nord de la France.

A le voir, le sac sur le dos, le bâton ferré à la main, foulant d'un pied leste et vigoureux la poussière de la route, butinant le long des haies, cueillant parfois la pomme ou la grappe au bord du chemin, toujours riant, toujours chantant, on l'eût pris pour un de ces insoucieux bohémiens que Béranger a si bien chantés, ou pour un émule de Callot, le peintre aventureux.

C'était l'âge des songes d'or et des châteaux en Espagne. L'avenir lui souriait. Robuste et fort, courageux et confiant, il allait droit devant lui, le front haut, l'œil grand ouvert, tout fier de ses dix-huit ans, sans jamais s'inquiéter du lendemain; comptant au besoin sur l'hospitalité des paysans. — Comment refuser un asile à un voyageur fatigué, surtout quand ce voyageur est jeune et de bonne mine? — Aussi plus d'une fois, couché sur la paille fraîche que la fermière ne refusait jamais, bercé par le mugissement des grands bœufs de labour harassés comme lui, réchauffé par leur tiède haleine, enivré de la bonne et saine odeur de l'étable, notre pèlerin s'endormit-il content, oubliant la fatigue du jour et puisant dans son repos si bien gagné de nouvelles forces pour l'étape du lendemain.

Le matin, quand le coq matinal saluait l'aube de son chant clair et perçant, le dormeur tôt debout — comme un jeune lion, secouant sa crinière blonde — répondait par quelque gamme éclatante au salut du matamore emplumé. Le fermier, tout bâillant, arrivait en étirant ses bras, écoutait étonné, voulait entendre encore, courait au tonneau, tirait un pichet et, tout ému, emplissait les verres. On trinquait, on buvait, on se serrait la main, puis le voyageur reprenait gaiement sa course emportant parfois dans son sac quelque miche tendre ou quelque morceau de lard, présent de la bonne fermière.

Les pérégrinations du blond ménestrel durèrent trois ou quatre ans. Pendant ce temps il revint plusieurs fois à Paris, mais sans y séjourner longtemps. Les fondeurs, comme le personnage d'*Amphitryon*, n'aiment pas la musique; aussi prièrent-ils maintes fois leur ouvrier mélomane d'aller chanter hors de l'atelier, où ses refrains enchaînaient trop souvent les oreilles et les bras de ses camarades.

Les choses en étaient là pour notre ami Antoine, quand, un beau matin, comme un coup de tonnerre, éclata la révolution de février. Les usines se fermèrent et les ateliers nationaux furent institués. Renard, qui était du peuple et comme tel avait mis sa part de misère au service de la République, prit bravement son parti. C'était le moment ou jamais de chanter: il chanta.

Chaque jour, pendant les cinq ou six mois de chômage qui suivirent la révolution, notre fondeur-troubadour, la guitare en sautoir, erra de rue en rue, de cour en cour, entonnant à plein gosier les refrains du moment. Sa voix, alors dans toute sa maturité, envoyait jusqu'à la plus haute des mansardes ses notes retentissantes. La foule pénétrait jusque dans les cours et faisait cercle autour du chanteur: c'était une véritable invasion... De toutes les fenêtres les sous pleuvaient dru comme grêle, et aussi les pièces blanches. Le succès allait crescendo, à tel point que le virtuose ambulant, qui n'avait pris ce parti qu'en dernier ressort et après avoir épuisé toutes les chances de travail, se trouva presque riche relativement à ce qu'il avait espéré. — Dans certaines maisons du noble quartier, les locataires absents laissaient chez le concierge les honoraires de leur chanteur aimé.

Ce résultat inattendu donna du courage à notre homme, et un beau jour, il s'en fut au concours du Conservatoire, présenté par M. Laurent de Rillé. La chance ne lui fut pas favorable. Il fut refusé net. M. Banderalli, entre autres professeurs, lui déclara crûment qu'il n'était bon, tout au plus, qu'à faire un choriste.

Comme son homonyme de la fable, le candidat évincé se retira :

. . . . . honteux et confus,
Jurant, mais un peu tard, qu'on ne l'y prendrait plus,

et se remit à arpenter de plus belle les rues de la capitale.

Cette vie nomade, malgré ses heures d'enivrement et de triomphe relatifs, pesait à Renard. Aussi, dès que les ateliers fermés trop longtemps rouvrirent leurs portes, suspendit-il bien vite à son clou le cher instrument auxiliaire de ses succès, pour reprendre la route de la Champagne.

A peine arrivé à Reims, où il avait déjà travaillé quelques années auparavant, il fut employé dans une des principales fonderies de la ville. Ses anciens camarades le reçurent avec acclamation. Plusieurs d'entre eux, qui venaient de monter un petit théâtre de société, l'engagèrent à faire partie de leur troupe. Il accepta ; le théâtre avait toujours été sa marotte.

Quand vint le moment de choisir son emploi, à l'inverse de Grassot débutant dans les rôles tragiques, il opta, lui, pour les premiers comiques et fit ses débuts dans le rôle du tambour-major des *Enfants de troupe*. L'audacieux rival de Klein eut un succès de fou rire. Jamais tambour-major aussi gauche n'avait eu de voix plus sourde et plus gutturale. Tant que dura la pièce, le lait chaud de la tendre *Lodoïska* ne put le guérir de son extinction de voix. En vain il ouvrait la bouche, en vain il croyait parler, pas un mot n'arrivait aux oreilles du public : non content de parodier Klein, l'ambitieux voulait encore singer Paul Legrand et Deburau. La toile tomba au bruit des applaudissements ironiques de la salle entière.

Après ce coup d'essai, le succès n'ayant pas été précisément celui qu'il avait espéré, notre acteur donna sa démission et offrit de chanter — comme intermède, — à la représentation suivante, quelques-unes des romances qui lui étaient familières. Ce soir-là, sa revanche fut complète. Sa voix, qu'on entendait à peine dans le dialogue du troupier fanfaron, retentit comme la trompette du jugement dernier : le chanteur avait fait oublier l'acteur. Le bruit de ce succès arriva aux oreilles de M. Haquette, alors directeur du théâtre de Reims, qui voulut voir l'ouvrier phénomène et n'eut garde de manquer la représentation suivante. C'était au moment des débuts : l'impresario aux abois, émerveillé comme tout le monde de la voix qu'il venait d'entendre, proposa au jeune homme d'entrer dans les chœurs. Celui-ci accepta avec joie et fit pendant quelque temps son service avec un zèle digne d'un meilleur sort. Il espérait de l'avancement, et il allait en effet atteindre au grade de coryphée lorsque la troupe d'opéra tomba tout entière pour ne plus se relever.

C'était jouer de malheur. Retourner à l'atelier n'était plus chose possible pour le choriste sans place ; il craignait les railleries des *bons camarades*, toujours prêts à rire de ceux qui n'atteignent pas le but du premier coup. D'un autre côté, les encouragements de quelques connaisseurs éclairés avaient éveillé en lui des ambitions nouvelles ; il voulut essayer de tirer enfin parti de sa voix et se décida à revenir à Paris. Après avoir serré la main de M. Haquette, embrassé quelques vrais amis, il quitta Reims, muni de force lettres de recommandation pour MM. les agents dramatiques, et possesseur de 8 fr. 30 c. pour toute fortune. Il fallait faire le trajet à pied jusqu'à Épernay, station du chemin de fer. Il faisait chaud, la route était longue, mais n'importe ! Paris était au bout et peut-être aussi la fortune.

Arrivé à Épernay, le piéton fatigué compta sa bourse. Il lui restait 8 fr. 20 c., 10 c. ayant été distraits de la somme première pour rafraîchir en chemin son gosier altéré : 8 fr. 20 c. ! c'était juste la somme qu'il fallait pour se rendre à Paris dans les wagons de troisième classe.

A peine arrivé, le premier soin du voyageur fut de porter bien vite à MM. les agents dramatiques les lettres de recommandation dont il était chargé. Ces messieurs, avec leur morgue ordinaire, le reçurent fort mal et le renvoyèrent brutalement, lui donnant pour prétexte qu'il fallait savoir le répertoire complet des chœurs pour gagner 50 ou 60 fr. par mois.

La chance continuant à lui être contraire, et l'avenir s'assombrissant de plus en plus, le pauvre garçon commençait à regretter la fonderie, se reprochant amèrement d'avoir écouté les suggestions de son amour-propre, quand un beau matin, en fouillant dans ses poches — vides, hélas ! de toute monnaie d'or et d'argent — il y trouva une dernière lettre à l'adresse de M. Bizot, professeur de chant et *agent* dramatique par-dessus le marché. Prenant son courage à deux mains et se préparant d'avance à un nouvel échec, il se dirigea vers la demeure de l'agent-professeur. — M. Bizot était chez lui. — Il reçut d'abord fort poliment le timide solliciteur, puis frappé sans doute de sa mine ouverte et intelligente, il le pria de vouloir bien lui chanter un morceau à son choix. Enhardi par ce bon accueil, notre homme entonna aussitôt un des morceaux qu'il savait le mieux. Sans attendre la fin, Bizot émerveillé lui saute au cou, l'embrasse et lui donne — séance tenante — une lettre pour Dietsch, le chef de chant de l'Opéra. Renard, réconforté par les bonnes paroles de l'intelligent musicien, court comme une flèche à la rue Lepeletier. On l'introduit ; il chante de nouveau. Dietsch ravi, à l'exemple de Bizot, court au cabinet de la direction, enfonce la porte, et revient bientôt amenant de force M. Roqueplan — alors directeur — pour lui faire entendre cette voix exceptionnelle. — Roqueplan, en homme de goût et d'esprit, engagea sur-le-champ comme choriste le pauvre chanteur tout abasourdi de son succès et se chargea de son éducation musicale.

Le premier pas était fait, partant le plus difficile. Restait la question des études. Renard, qui gardait rancune au Conservatoire de son échec de 1848, se décida — sur les conseils de Dietsch — à entrer chez Révial, le professeur à la mode. Il se trouva là en contact journalier avec Merly, Gueymard, Wicart, Bonnehée, mademoiselle Dussy et nombre d'autres illustrations de nos scènes lyriques. Révial se servant de l'amour-propre excessif de son nouvel élève, comme d'un levier puissant, lui fit faire des progrès rapides. Roqueplan enchanté s'applaudissait de plus en plus de sa découverte et préparait déjà les débuts du nouveau ténor, quand celui-ci, froissé dans des affections intimes par une intervention intempestive, quitta tout à coup la classe, rompant tout rapport avec son professeur et son directeur.

Voilà donc encore une fois le malheureux lutteur forcé d'user ses semelles sur le pavé de Paris, en quête bien souvent du dîner du jour et du déjeuner du lendemain. Ce fut une terrible halte dans sa vie. Pendant de longs mois la misère acharnée et terrible assiégea la porte du taudis où il abritait désormais ses rêves menteurs de gloire et de fortune. — Triste, l'estomac vide, il errait mélancoliquement le long des boulevards, dévorant des yeux l'affiche de l'Opéra où s'étalaient en grosses majuscules les noms de ses anciens condisciples, — de l'Opéra, où lui aussi aurait pu avoir sa place, — et rentrait bien souvent le soir, essuyant en chemin de grosses larmes de regrets. — N'importe, il ne se découragea pas. Sa robuste nature aidant, il porta vaillamment sa croix, sans faiblir. Une voix secrète, d'ailleurs, grondait en lui et lui criait aux heures de défaillance : « Espère ; encore, encore quelques jours ; le but est proche. » Ce but, il l'atteignit enfin.

C'était aux premiers jours de l'été. Les tilleuls du Palais-Royal projetaient de nouveau leur ombre sur les joyeux groupes de bambins roses et blonds jouant à la corde ou au cerceau. Les acteurs et les directeurs de province fraternellement confondus foulaient ensemble le sable des allées, en quête les uns d'un ténor ou d'une basse, les autres d'un engagement. Renard n'avait garde de manquer à ce rendez-vous des déshérités de l'art, et sa grande tête blonde, amaigrie par les privations de toutes sortes, se profilait tristement sur le fond sombre et banal de tous ces martyrs du théâtre.

M. Marius Chabat, directeur du théâtre de Nîmes, cherchait un ténor. M. Chabrillat, agent dramatique, lui proposa d'engager l'ex-pensionnaire de l'Opéra. Après quelques pourparlers, les conditions plus que modestes de l'artiste ayant été acceptées avec empressement, l'engagement fut signé et les débuts fixés au 23 septembre 1852. C'était bien pour l'avenir : 500 fr. par mois semblaient une fortune au jeune ténor, mais il fallait vivre pendant deux mois en attendant le jour des débuts. Ce temps fut le plus difficile à passer pour notre chanteur ; à peine touchait-il de temps à autre quelque pauvre pièce de 5 fr. sur les avances promises et dues à tout acteur engagé. Cependant à force de courage, de patience et de privations, il atteignit tant bien que mal l'époque désirée.

Il fit son apparition dans *la Juive*, aux applaudissements frénétiques de la salle entière. L'issue des autres épreuves n'était pas douteuse. Dès la première soirée, Éléazar avait conquis son public. Pour n'en citer qu'une preuve, à la deuxième représentation de *la Juive*, Renard, qui n'avait pas déjeuné — grâce à son directeur, peu exact sur le chapitre des appointements — se trouvant épuisé au quatrième acte, lors de la reprise du grand air, un spectateur du parterre, se faisant l'écho de la salle, lui jeta ces paroles : *Eh ! repose-toi, petit ; nous savons que tu peux le faire.* — Pendant toute la saison, l'artiste fit fureur. Les habitants de la vieille cité romaine, tout fiers de leur conquête, ne cessèrent de lui prodiguer leurs bravos sympathiques.

La direction ayant fait faillite, Renard, à son grand regret, quitta Nîmes, le cœur plein de reconnaissance pour le public chaleureux qui avait encouragé ses premiers pas dans la carrière qu'il allait désormais parcourir d'un pied ferme. La direction du Havre, ayant eu vent de ce qui se passait, s'empressa de faire des propositions au ténor sans emploi. Pendant quatre mois, avril, juin, juillet, août, il chanta son répertoire devant une salle comble. Son succès fut énorme, populaire surtout. Les ouvriers des usines se ruèrent comme une avalanche à ses représentations, heureux et fiers d'applaudir un ancien camarade, comme eux enfant de l'atelier, et, comme eux, resté simple et bon. Lors de son départ, les Havrais lui offrirent comme souvenir une magnifique épée — style renaissance — qu'il a toujours portée depuis, à chaque représentation des *Huguenots.*

Du Havre il se rendit à Strasbourg, où M. Halanzier venait de l'engager aux appointements de 1000 fr. par mois. A peine débarqué, se trouvant sans argent — son mois d'avances ayant servi à solder quelques dettes et à secourir un parent malade — il fut trouver son directeur et le pria de lui avancer quelques louis, à compte sur son second mois. M. Halanzier, qui pour la première fois se trouvait en face de notre homme, voyant sa face pâle, ses joues creuses, crut avoir affaire à un ténor poitrinaire. Il lui refusa net la somme demandée, intimement persuadé qu'il avait été la dupe de son correspondant et convaincu d'avance de la chute complète de son ténor. Renard, dévorant de son mieux cet affront, descendit sur le théâtre, où ses nouveaux camarades l'attendaient pour répéter *la Favorite,* suivi de près par son directeur, curieux d'entendre les sons qui pouvaient encore s'échapper de la poitrine de son maigre pensionnaire.

Quand le chef d'orchestre donna le signal de la romance : *Un ange, une femme inconnue...* et que Fernand s'avança vers la rampe, artistes et choristes firent silence, partageant d'avance l'opinion du directeur: mais aux premières notes lancées de cette voix pure et vibrante que vous connaissez, directeurs, acteurs, musiciens, tous s'entre-regardèrent, ne pouvant en croire leurs oreilles. Il fallut pourtant bien se rendre à l'évidence. M. Halanzier, en homme d'esprit qui sait racheter un tort — bien naturel d'ailleurs, car plus d'un, depuis, s'y est laissé prendre, — courut à son ténor, lui prit les deux mains, l'emmena dans son cabinet et lui remit 500 fr., le priant d'agréer ses excuses. Le lendemain, Renard débuta, et son succès, comme à Nîmes, alla grandissant.

De Strasbourg, l'année suivante, — septembre 1854, — il s'en fut à Bordeaux, aux appointements de 2000 fr. par mois. La fortune commençait à lui sourire. Même succès qu'à Strasbourg, même sympathie qu'au Havre.

En quittant Bordeaux, il vint passer ses vacances à Paris, chanta chez quelques artistes, dans quelques représentations à bénéfice, et fit tant et si bien que la grande ville commença à parler du nouveau chanteur qui révolutionnait la province.

Paris pourtant ne se décidant pas encore, Lyon, en ville intelligente, s'empressa de l'engager pour deux ans, au chiffre raisonnable de 2500 fr. par mois la première année, et de 3000 fr. la seconde. Son succès fut plus grand encore dans cette ville qu'il ne l'avait été à Bordeaux et à Strasbourg. Le Grand-Théâtre, désert avant son arrivée, s'emplit de nouveau, et les directeurs, en comptant leurs recettes, s'applaudissaient chaque soir d'avoir pu trouver cet oiseau rare, cette poule aux œufs d'or qu'on appelle un *ténor*. Rappels, bouquets, ovations, rien ne manqua au triomphe de l'artiste pendant les deux années qu'il passa dans la cité lyonnaise. Lui, de son côté, ne fut pas en reste de reconnaissance; il montra qu'il était digne non-seulement des applaudissements, mais encore de l'estime qu'on lui prodiguait. Concerts, représentations à bénéfice, fêtes de charité, il saisit toutes les occasions de prouver que chez lui l'homme était à la hauteur de l'artiste, et que sa générosité égalait son talent. Personne à Lyon, nous en sommes sûr, ne démentira nos paroles.

Un des plus beaux triomphes de Renard dans cette ville, ce fut lorsqu'un soir, à la messe de minuit, dans l'église Saint-Nizier, il chanta le *Noël* d'Adolphe Adam. La voix de l'artiste, émue par la solennité du lieu, par le prestige de la cérémonie religieuse, retentit comme un chant divin. L'homme s'était transfiguré; on eût dit une voix d'en haut annonçant la venue du Sauveur. Jamais émotion plus vive ne fit battre le cœur de la foule; une extase indicible s'était emparée des fidèles, et les dernières notes de l'hymne s'étaient perdues depuis longtemps sous les voûtes de la vieille basilique, qu'ils étaient encore prosternés sous le charme.

Pendant les vacances de 1856, le chanteur, de retour à Paris, débuta au pied levé dans *la Juive*. Son succès fut assez complet pour le faire engager immédiatement par M. Alphonse Royer. — Le but était atteint : l'Opéra lui ouvrait ses portes à deux battants. — Le cœur plein de joie, cette fois, il retourne à Lyon pour finir son engagement et travailler sérieusement à mériter la place qu'il allait occuper bientôt sur la première scène du monde. Cette deuxième année fut un triomphe perpétuel pour lui. Les Lyonnais, enchantés de la bonne fortune qui venait d'échoir à leur ténor bien-aimé, n'eurent garde de manquer une de ses représentations; ils voulaient entendre jusqu'au bout cette voix infatigable et jouir des dernières notes de ce gosier d'acier.

La représentation d'adieux de Renard fut splendide. L'affiche, entre autres promesses annonçait, *Guillaume Tell*, avec Merly dans le rôle de Guillaume. — Le théâtre de Lyon fut, ce soir-là, au niveau de l'Opéra de Paris. Merly, dans son rôle du libérateur de la Suisse, atteignit les dernières limites du beau idéal, et Renard subissant l'ascendant irrésistible de ce barde inspiré se surpassa lui-même. Le deuxième acte tout entier fut un chef-d'œuvre d'exécution : Arnold et Guillaume eurent dans le trio des accents magnifiques; la salle en délire les rappela avec des trépignements d'admiration; bouquets et couronnes pleuvaient comme grêle : un peu plus et les deux artistes étaient enterrés sous une avalanche de fleurs.

Après la représentation, un souper magnifique fut offert aux deux chanteurs, par les abonnés, au café de l'Opéra. — Pendant que les têtes échauffées, les cœurs émus rivalisaient de verve et d'abandon, au moment où les verres pleins se choquaient fraternellement, une immense clameur, s'élevant de la place de la Comédie, vint faire taire les convives. — C'était la société chorale de la ville, son directeur en tête, qui venait donner une sérénade à son ténor favori et lui souhaiter de nombreux et longs succès sur la nouvelle scène où, quelques jours après, il allait débuter comme pensionnaire.

En effet, l'affiche de l'Opéra annonça *la Juive*, puis *Guillaume Tell*. La presse parisienne, tout en faisant la part de la critique, fut unanime à constater le succès de Renard; puis il chanta *Lucie*, et réussit pleinement dans ce rôle difficile. Au quatrième acte surtout, quand Edgard apprend du chœur la mort de Lucie, il eut un cri de douleur si vrai, si poignant, que le parterre tout entier se leva enthousiasmé et le rappela à grands cris.

Aujourd'hui Renard compte un an de service dans la troupe de l'Opéra. Le public l'aime et le lui prouve à chaque représentation par de chaleureux bravos. L'artiste, de son côté, cherche à justifier de plus en plus par des études sérieuses et intelligemment dirigées la faveur dont il jouit; ses progrès depuis ses débuts ont été assez sensibles pour que la critique la plus sévère les ait remarqués. — Il a trente-trois ans. En dépit de ses joues amaigries il possède une santé de fer. Sa voix normale, naturelle, jaillit souple et sans efforts d'une poitrine d'airain. Ses poumons, doublés et chevillés en cuivre comme nos navires de long cours, sont à l'épreuve des *si* naturels, des *ut* de poitrine, voire même des *ut dièze*; — ceux qui l'ont entendu chanter le troisième acte des *Huguenots* en savent quelque chose. — Son jeu peut-être un peu naïf, ne manque pourtant pas d'élégance et de simplicité : que le comédien puisse vaincre sa timidité, qu'il se livre un peu plus, et nous lui prédisons bientôt un doublé succès d'acteur et de chanteur. — M. Alphonse Royer s'est empressé, en directeur intelligent, d'engager son jeune pensionnaire pour deux nouvelles années à de superbes conditions; il a compris que Renard est à cette heure — à côté de Roger et de Gueymard — le seul ténor sérieux sur lequel l'Opéra puisse fonder de légitimes espérances : le public et les artistes sont de son avis.

Viennent maintenant d'autres rôles, une belle et bonne création, et l'apprenti fondeur de la rue du Corbeau, mesurant du regard le chemin parcouru, pourra s'écrier avec un juste orgueil : « Et moi aussi je suis fils de mes œuvres ! »

ETIENNE CARJAT.

Paris — Imprimerie Dondey-Dupré, rue Saint-Louis, 46, au Marais.

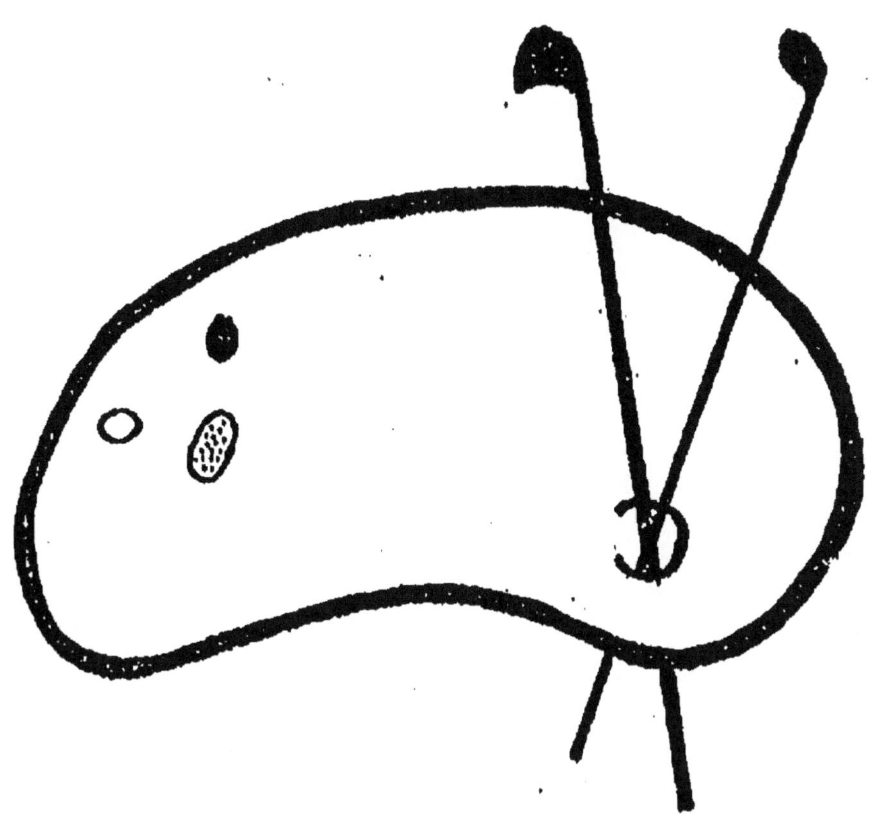

www.ingramcontent.com/pod-product-compliance
Lightning Source LLC
LaVergne TN
LVHW020452230826
846091LV00008BA/3161

* 9 7 8 2 0 1 6 1 6 9 9 1 9 *